L'INDICATEUR

OU

GUIDE DE L'ÉTRANGER

A LA

FOIRE DE BEAUCAIRE,

1847

CONTENANT

Les Adresses de tous les Commerçants, Fabricants et Industriels en gros et en détail qui tiennent cette Foire, les heures de départ des Chemins de Fer, l'indication et les divers services des Bateaux à Vapeur, des Bateaux de Poste, des Messageries; l'indication et des renseignements sur les Hôtels, Restaurants, Auberges, etc.; en un mot des renseignements sur tous objets quelconques pouvant intéresser le Public.

PAR MONIER, OUVRIER TYPOGRAPHE.

NIMES,
[IMP]RIMERIE SOUSTELLE-GAUDE,
Boulevart Saint-Antoine, 9.

L'INDICATEUR

OU

GUIDE DE L'ÉTRANGER

A LA

FOIRE DE BEAUCAIRE.

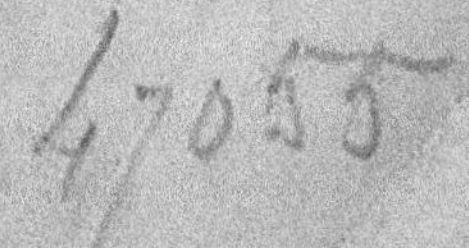

L'INDICATEUR

OU

GUIDE DE L'ÉTRANGER

A LA

FOIRE DE BEAUCAIRE,

1847.

CONTENANT

Les Adresses de tous les Commerçants, Fabricants et Industriels en gros et en détail qui tiennent cette Foire, les heures de départ des Chemins de Fer, l'indication et les divers services des Bateaux à Vapeur, des Bateaux de Poste, des Messageries; l'indication et des renseignements sur les Hôtels, Restaurants, Auberges, etc.; *en un mot des renseignements sur tous objets quelconques pouvant intéresser le Public.*

PAR MONIER, OUVRIER TYPOGRAPHE.

NIMES,
IMPRIMERIE SOUSTELLE-GAUDE,
Boulevart Saint-Antoine, 9.

L'INDICATEUR

OU

GUIDE DE L'ÉTRANGER

A LA

FOIRE DE BEAUCAIRE.

VILLES CIRCONVOISINES DE BEAUCAIRE.

NIMES.

MESSAGERIES.

Messageries Bimar (Théodore), boulevart des Calquières. Départs tous les jours pour Clermont et Paris, à 10 heures du matin ; Mende, Saint-Flour, Marvéjols, 10 h. du m. ; Saint Jean, 1 h. du soir ; Sommières, 3 h. du s. ; Montpellier, 10 h. du s.

Messageries Bimar (Théodore) et comp., quai de la Fontaine Départs tou les jours à 11 h. du matin et à 7 h du soir pour Quissac, Sauve, Saint-Hippolyte, Ganges, le Vigan, St-Jean-de Bruel, Naut, Milhaud, Rodez, Villefranche, Alby.

Entreprise des Messageries du Midi et du Commerce, à l'Hôtel du Louvre, à Nimes. — 2 départs par jour par l'intermédiaire du chemin de fer de Nimes à Montpellier. — Savoir : de Nimes, à 7 heures du matin pour Toulouse, passant par Narbonne et Carcassonne ; — de Nimes, à midi pour Toulouse, passant par Castres ; — de Nimes à Perpignan, passant par Narbonne ; — correspondant à Toulouse avec Bordeaux et Bayonne, appartenant à la même administration, ainsi qu'avec tous les établissements thermaux des Pyrénées.

Messageries des Maîtres de Poste, du Languedoc et de la Provence, boulevart des Calquières, à côté du café Peloux. Départ tous les jours à 6 heures du matin et à 5 heures du soir pour Arles, le Port de Bouc, Martigues, Salon et Marseille. Messageries Générales du Languedoc et de la Provence. Départs tous les jours à 7 heures du matin et midi pour Pézénas, Béziers, Narbonne, Perpignan, Carcassonne, Castelnaudary, Villefranche et Toulouse; correspondance directe avec Agen, Bordeaux, Saint-Gaudens, Tarbes et Luchon.

HÔTELS.

Hôtel de la Bourse et restaurant, chez Menghi. On y sert à toute heure et à prix fixe, rue des Arènes, 9.

Hôtel de l'Europe, tenu par Valez, à Nimes; place de la Couronne.

Hôtel de France, tenu par Compan, table d'Hôte et à la carte; place des Arènes.

Hôtel du Luxembourg; à Nimes, place de l'Esplanade.

Grand Hôtel du Midi, tenu par Lavondès-Delenne, propriétaire. — Table d'hôte, restaurant, déjeûners à l'anglaise, bains, écuries et remises. Cet hôtel, l'un des plus grands de France, vient d'être restauré et meublé à neuf. — Prix très-modérés. — Bureaux de diligence pour tous pays.

Hôtel du Nord et restaurant, tenu par M. Othon. Les chambres de cet hôtel sont disposées de manière à former des appartements complets. On y sert à la carte et à table d'hôte. Boulevart des Calquières, 4.

Hôtel du Rhin et Restaurant, tenu par Alexandre Prieur; boulevart des Calquières, 2.

RESTAURANTS ET TRAITEURS.

Restaurant Chabannier, rue des Chapeliers, maison ancien café Bolze. On y sert à la carte et à prix fixe.

Restaurant Durand (Camille); boulevart des Calquières, maison de Chazelles.

A la Source de la bonne morue en branlade, chez Cadet Argillier, restaurateur, rue de l'Etoile, n. 22, à Nimes.

AUBERGES.

Auberge Audemart; place des Casernes, 12.

Au Petit-Paris, tenu par Paut (Henri), place de la Couronne, 4.

FABRICANTS ET AUTRES INDUSTRIES.

Accabat et Daumézon, fabrique de châles et nouveautés; à Nimes, quai de la Fontaine, rue Crébillon, 1.

Barnouin et Fabrègue Noury, fils, f. de châles et nouveautés; à Nimes, rue Deiron, maison Fabrègue.

Bertrand jeune et Girard fils, fabricants de châles et nouveautés; à Nimes, boulevart du Grand-Cours.

Bouët (Jacques), fabricant de châles, écharpes indoux, châles indoux; à Nimes, quai de la Fontaine, n.° 6.

Bourgade et Domergue, fabrique de bonneterie et ganterie soie, mi-soie, etc.; à Nimes, quai de la Fontaine.

Bousquet Fréderic, fabricant de châles tartans; à Nimes, place de la Bouquerie.

Bruguière (Ad.) et Boucoiran (Em.), fabrique de soie à coudre, fantaisies; à Nimes, rue Deiron, 2.

Bruguière et Platon; fabricants de ganterie et bonneterie; à Nimes, quai de la Fontaine.

Colondre (J.) et Ducros, fabricants de châles; à Nimes, place d'Assas.

Constant (François) et fils, fabrique de châles et nouveautés ; à Nimes, rue Deiron.

Daudet aîné et Comp., fabricant de foulards et cravates, nouveautés ; à Nimes, boulevart du Grand-Cours.

Devèze fils et comp., fabrique de châles ; à Nimes, rue Porte d'Alais, 25.

D'Hombres (Emile), lithographe-éditeur ; à Nimes, boulevart de la Comédie.

Donnadieu aîné, graveur-lithographe, exploitation des pierres lithographiques ; à Nimes, quai de la Bouquerie.

Estrivier, facteur luthier-opticien ; à Nimes, rue de la Colonne, 5, près la Maison-Carrée.

Fabre (François), fabricant de bonneterie et ganterie ; à Nimes, boulevart du Grand-Cours, 43.

Fabre-Paul, fabricant de châles kabiles en tous genres ; à Nimes, boulevart du Grand-Cours.

Fabre frères, ventes et achats de soies grèges, et ouvrées à la commission. Achats à la commission des articles de la fabrique de Nimes ; à Nimes, rue Auguste.

Flaissier frères, manufacture de tapis ; à Nimes, quai de la Fontaine, 25.

Gas Veyrun et comp., châles imprimés ; à Nimes, rue Deiron.

Granier fils aîné, fabricant de bonneterie et ganterie soie et mi-soie, fil ou mi-coton, articles des Cevennes et de Nimes ; maison à Ganges pour la fabrication des lacets et cordons en gomme élastique ; à Nimes, rue du Fort, 1, maison Cauzid.

Guérin (Samuël) fabricant de lacets et bonneterie ; à Nimes, rue Saint-Mathieu.

Hugou, fabricant de châles en tous genres ; à Nimes, place de la Bouquerie.

Irma-Saben. Ornements d'église et généralement tout

ce qui concerne le culte divin ; à Nimes, rue de l'Horloge, n.° 10.

Charles Joyeux et Laune, successeurs de Joyeux fils aîné, fabrique de bonneterie et ganterie, soie, mi-soie, et bourre ; à Nimes, rue Basse-du-Fort.

Laval-Saurel et Arnaud-Gaidan. Manufacture de tapisserie pour tentures et meubles ; rue de la Fontaine.

Mager, Maury, Dumas et Paris, facteur de pianos ; à Nimes, place des Carmes.

Maumenet et fils. Commission et recouvrements ; à Nimes, boulevart du Grand-Cours.

Meynard frères. Fabrique de réseaux, marmotines, manteaux d'enfants ; gants tissus castor de Paris ; à Nimes, place de la Bouquerie.

Pascal-Amphoux, fabricant de boîtes de montre ; à Nimes, place Balore.

Ponge (Barthélemy) ; fabricant de châles et nouveautés ; à Nimes, rue Auguste.

Ponge (Étienne), fabricant de châles et nouveautés ; à Nimes, rue Auguste.

Prade-Foulc, fabrique de châles brochés ; à Nimes, rue Molière, près le théâtre.

Reynaud (Henri) père et fils, fabrique de châles brochés en tous genres ; à Nimes, boulevart du Grand-Cours, maison Sabran, 10.

Ribe jeune, fabricant de châles et nouveautés ; à Nimes, place de la Bouquerie, n.° 4.

Roussy (A.) et Bernard, fabricants de soies à coudre bas, gants et bonnets de soie, soies grèges et ouvrées ; à Nimes, sur le Cours, rue Deiron.

Sagnier-Teulon, art. d'Afrique, à Nimes, rue des Orangers.

Sarrus (Casimir), commissionnaire, matière filée, soie, fantaisie, laine, coton, etc., fantaisies peignées et frisons, bouts et bourre de laine ; à Nimes, rue Basse-du-Fort, 23.

Saurel fils aîné, fabricant de châles et nouveautés ; à Nîmes, rue Auguste.

Saurel (S ^on^) père et fils jeune, fabricants de châles et nouveautés ; à Nîmes, rue Auguste.

Schneider (J.), horloger, tient montres, pendules de Paris, et vend en gros et en détail l'horlogerie d'Allemagne ; à Nîmes, en face des Casernes.

Sevène (Auguste), de Lyon, représenté par Joseph Laruac à Nîmes. Laines, fantaisies et cotons filés ; quai de la Fontaine.

Théron-Aurès, commissionnaire entrepositaire de coton, fantaisies et laines cardées et peignées en tout genre ; à Nîmes, place de la Bouquerie.

Veyrun (veuve) née Dumon, et Comp^e. Fabrique de foulards, grenadines, thibets imprimés; à Nîmes, quai de la Fontaine.

TARASCON.

MESSAGERIES.

Messageries Jacquet frères; faubourg Madame, à la descente du pont de Beaucaire. Départs pour Avignon à 6 heures du matin et à deux heures du soir. Voitures à volonté pour tous pays.

Messageries Fontaine de Tarascon à Arles. Bureau faubourg Saint-Jean, près du Cours. Départ de Tarascon, 9 heures du matin ; d'Arles, 4 heures du soir.

HOTELS.

Hôtel des Empereurs, tenu par Monnier, restaurateur, en face du pont de Beaucaire. Cet hôtel agréablement situé sur le Rhône, presque en face du champ de Foire de Beaucaire, dont il est séparé par le pont, se fait remarquer par le bel aménagement de ses chambres et la rapidité dans le service ; table d'hôte ; on sert aussi à la carte. On y trouvera de vastes remises et écuries.

Hôtel du Midi, tenu par Brunet cadet, Porte Saint-Jean. Cet hôtel, nouvellement établi dans un beau local, meublé à neuf, attirera MM. les voyageurs de Beaucaire par la propreté et la célérité dans le service. On sert à la carte et à prix fixe. Un café est établi dans l'hôtel. Remise et écuries.

Cordier, traiteur, porte en ville, sert à la carte et à prix fixe; chambres garnies, rue des Halles, 55.

AUBERGES.

Au Bras-d'Or, tenu par Regan, sert à la carte à des prix modérés; rue des Halles, 60.

Auberge du Petit-Jardin, tenue par Viany, loge à pied et à cheval, Porte Madame, sur le Cours.

Auberge des trois mulets, tenue Jacques Tardieu, faubourg Saint-Jean. On trouve dans cet établissement de vastes remises et écuries.

CAFÉS.

Café Bigonet, avantageusement connu par la bonne qualité de ses consommations, à la descente du Pont.

Café Brunet aîné, dit le Chasseur, excellente consommation, faubourg Saint-Jean.

Café du Pont, tenu par Chaix. Les consommations y sont de première qualité, à la descente du Pont de Tarascon, à côté de l'hôtel des Empereurs et de la belle église Sainte Marthe, maison des Messageries Poulin, à proximité des diligences des villes voisines.

Café Simon aîné. Consommations de première qualité. Entrepôt de glace, sur le Cours.

Café Simon fils, en face du Cours. On y trouve tous

les jours glaces, sorbets, café glacé et autres rafraichissements. Jardin pour les Dames.

INDUSTRIES DIVERSES.

Aubanel (Elisée), imprimeur-libraire, se charge de toute sorte d'impressions, *circulaires, factures, prix-courants, etc.* Il imprime des placards de 1 mètre 30 centimètres de hauteur sur 60 centim. de largeur et avec des caractères de toute grosseur, rue du Refuge.

Aux grands Bains, rue de la Visclède, près le collége, tenus par Héraudin. Bains de propreté, bains de Barréges. Prix modérés.

Deydier aîné, rue Saint-Nicolas, grains et graines, principalement celles de luzerne.

Deydier (Joseph) courtier en grains, rue Saint-Antoine, n. 50.

Millaud (David), négociant en chardons, place du Marché, 43.

AVIGNON.

HOTELS.

Hôtel d'Europe, tenu par Pierron, place Crillon.

Hôtel du Midi, tenu par Galle. On y sert à la carte et à prix fixe, place Puits-du-Bœuf, près la place de l'Horloge.

Hôtel de la Mule-Blanche tenu par Geoffroy. Vastes écuries et remises, près la place Pie.

Hôtel du Palais-Royal, place Crillon.

Hôtel Saint-Yves, tenu par Peytavin. Table d'hôte, restaurant, messageries pour le département et ceux environnants, près la place Pie.

FOIRE DE BEAUCAIRE.

ARRÊTÉS

CONCERNANT LA FOIRE DE BEAUCAIRE.

Un Arrêté du Préfet, du 12 juillet 1847, fixe, selon le vœu du décret du 6 janvier 1807, l'ouverture de la Foire au mercredi 22 du mois de juillet, et la clôture au mardi 28 du même mois, à minuit.

Conformément aux dispositions du code de Commerce, les lettres de change payables en foire sont exigibles le 27.

Un autre arrêté du Préfet, du 12 juillet 1847, désigne comme pouvant seuls exercer les fonctions de courtiers de marchandises et d'agents de change pour la foire de Beaucaire : MM. Rousset, agent de change, et Jullien, courtier de marchandises, de Marseille, Daumas (Pierre), agent de change à Montpellier ; Devienne, agent de change, et Jouvat, courtier de marchandises, de Lyon.

Défense est faite à tous autres d'exercer près ladite foire les fonctions d'agent de change et de courtier de marchandises.

Un Arrêté du Préfet, du 26 juin 1847, détermine les règles auxquelles doivent être soumises les filles publiques qui viennent à Beaucaire pendant la foire.

Un Arrêté du Maire de la ville de Beaucaire contient les mesures de police à prendre pendant la foire pour le maintien de l'ordre, de la tranquillité et de la salubrité publique.

- Un article de cet Arrêté interdit à tout individu d'exercer en foire les fonctions de portefaix, s'il n'est muni d'une plaque portant un numéro, qui lui est délivrée à la mairie en échange de son passeport.

Les loteries et jeux de hasard de toute sorte, quelle que soit leur dénomination, sont aussi interdits.

Un Arrêté du Maire de la ville de Beaucaire, interdit à tout autre qu'au Fermier du Poids public ou à ses agents dûment commissionnés, d'exercer en cette ville pendant la Foire, la profession de peseur dans les lieux ci-après désignés :

Champ de Foire et dépendances ; port du Rhône en amont du pont suspendu jusques à Prémont : port du Rhône en aval du pont suspendu jusqu'à l'Abattoir ; Esplanade et Boulevart insubmersible, rues du Bazar, Basse-du-Boulevart, insubmersible ; promenades et quais du Canal ; place Vieille, Halles, Poissonnerie et ruelle en dépendant ; places Neuve, du Château, de la Charité ; Placette ; boulevart du Château ; chemin de la Redoute et Tranchée ; rues des Couvertes, des Bijoutiers, Basse, des Quatre-Rois, de l'Hôtel-de-Ville, Beaujolais, Voiron, des Muletiers, du Vieux-Salin, des Prisons, de l'Ange, des Cordeliers, de l'Enclos des Cordeliers, du Grand-Coin, de la Couronne, Saint-Pierre, Cantarolly, du Grand-Jardin, des Marseillais, du Jeu de Paume, des Ursulines et de l'Arceau, de la Ratte-Penade, du Puits de la Sophie, de l'Enclos de Garrigue, du Coin de Régis, de Régis, du Château, de la Charretterie, du Couchant, de Saint-François, de la Charité, Haute et de Nimes, de la Paroisse, du Doyenné, d'Uzès, de la Montée-du-Château, Roquecourbe et Saint-Nicolas, Beauregard, Tupin ; les Bazars et Passages publics.

Défense est faite aussi à tout individu d'étaler, afficher ou suspendre, tant dans les localités ci-dessus détaillées qu'à l'avenue des rues adjacentes, une enseigne ou écriteau indiquant un bureau de pesage.

Le Préfet a arrêté que le vérificateur des poids et mesures de l'arrondissement se rendrait à Beaucaire, le 18 juillet, et y resterait jusqu'à la fin de la foire, pour y procéder aux visites et perquisitions prescrites par les lois et ordonnances.

Un autre arrêté du Maire de la ville de Beaucaire prescrit les mesures de précaution à prendre par les conducteurs de bateaux à vapeur pour éviter les dommages et accidents qui peuvent résulter, soit du passage des bateaux devant le port, soit de leur abordage et de leur démarrage.

ADMINISTRATION.

Commissaire du Roi, M. Darcy, préfet du Gard, rue des Couvertes, Hôtel Tavernel.

ADMINISTRATION MUNICIPALE.

Maire, M. Tavernel. Reçoit tous les jours en son cabinet, à la mairie, de 10 heures à midi.

Secrétaire en Chef de la Mairie, M. Madier, avocat. Les Bureaux du secrétariat sont ouverts tous les jours, de 8 heures du matin à midi, et de 3 à 6 heures du soir.

ÉTAT CIVIL.

Commis principal, M. Masse. Son bureau est ouvert tous les jours de 7 heures à midi.

PASSE-PORTS.

Employés aux visas, M. Leroux. Tous les jours à la mairie, de 8 heures à midi, et de 3 à 6 heures du soir.

POLICE.

Commissaire de police, M. Boussod.

Agents, MM. Mouyade, brigadier; Barnavon-Vital.

Agents auxiliaires de police pendant la foire, M. Linné, aux bateaux à vapeur; M. Basset, Rieu, Pons, Bonton, à la police intérieure; M. Gauthier, au Champ de Foire.

POLICE DU PORT.

Sergent du port, M. Delaruelle, rue du Château, maison Goubier.

Syndic des marins, M. Bonnet, rue des Cordeliers.

NAVIGATION.

Receveur, M. Doutre, rue Basse. Son bureau, porte Beauregard.

CHEMIN DE FER.

Commissaire, M. Palun, rue Haute.

POSTE AUX LETTRES.

rue des Prisons, en face de la rue de l'Ange.

Directeur, M. Sergent.

Désignation des Courriers.	Levée de la Boîte.	Clôture des affranchiss.	Distribution en ville.
Paris, Aix, Avignon, Lyon, Marseille, Tarascon,	10 h. du matin	10 h. du matin.	7 heures du matin.
Lunel, Montpellier, Nimes et le Languedoc,	9 heures du soir.	7 heures du soir	11 h 1/2 du mat.
Arles, Tarascon, Nimes,	2 h. 1/2 du matin	1 h. 1/2 du soir.	3 heures du soir.
Nimes,	7 h. 1/2 du mat	7 heures du mat	8 heures du matin.
Nimes,	6 heures du soir.	6 heures du soir.	6 h 3/4 du soir.

JUSTICE DE PAIX. A L'HÔTEL-DE-VILLE.

Juge de Paix, M. Genovier, rue de l'Hôtel-de-Ville.

Greffier, M. Albaric, rue des Couvertes et rue du Vieux-Salin.

Huissier, M. Louard, rue du Château.

Audience au civil, les mardi et vendredi, de 10 heures du matin à midi.

Audience en police, le vendredi, à 3 heures du soir. En temps de Foire, audience tous les jours, de 10 heures àmidi, et de 3 heures à 6 heures du soir.

ADMINISTRATION DES BARRAQUES.

MM. Boude et Thieux fermiers. — Procureur-fondé, M. Lespigue. — Magasins et Bureaux près la Porte-Roquecoürbe sous les Roches.

CONTRIBUTIONS INDIRECTES.

Receveur, M. Feldman.

CONTRIBUTIONS DIRECTES.

Receveur, M. Lachèse, rue des Cordeliers.

OCTROIS.

Préposé en chef, M. Costamagna, rue Haute.

Receveur, M. Queyras, au bureau central, pl. Vieille.

GENDARMERIE.

Maréchal-des-Logis, M. Gastinel.

Il y a en temps de foire, un détachement de gendarmerie de service. — M. le capitaine de gendarmerie commande la place, et fait les fonctions d'officier de police judiciaire. — M. le commandant de gendarmerie accompagne le commissaire du roi.

POMPIERS.

Capitaine, M. Bénézet, rue des Bijoutiers.

Pendant la Foire, la compagnie des pompiers fournit un détachement qui fait un service permanent.

POIDS PUBLIC.

Beaume (Baptiste), gérant, bureau place Notre Dame.

CHEMINS DE FER

DU GARD ET DE L'HÉRAULT.

Heures de départ jusqu'au 22 inclusivement, et après le 27.

LIGNE D'ALAIS.

D'Alais à Nimes, 8 h. m.; 5 h. 3/4 s.
De Nimes à Alais, 7 h. 1/2 m.; 5 1/4 s.

LIGNE DE BEAUCAIRE.

De Beaucaire à Nimes, 8 h. m.; midi; 4 h. s.; 7 h. 1/4 s.

De Beaucaire à Montpellier, 4 h. s., sans changer de voiture.

De Nimes à Beaucaire, 6 h. 1/2 m.; 10 h. 1/2 m.; 2 h. s.; 5 h. 3/4 s.

LIGNE DE MONTPELLIER.

De Nimes à Montpellier, 7 h. m.; midi; 6 h. s.
De Montpellier à Nimes, 7 h. m.; midi; 6 h. s.

Heures de départs du 23 au 28 juillet inclusivement.

LIGNE D'ALAIS.

D'Alais à Nimes : 6 h. 1/2 du matin ; 11 h. 1/2 du m. (correspondant avec Beaucaire); 5 h. du soir (correspondant avec Montpellier).

De Nimes à Alais : 9 h. du m.; 2 h. 1/2 soir; 7 h. 1/2 soir.

Nota. — Les trains s'arrêteront à Vézénobres, Ners, Boucoiran, Nozières, St.-Geniès, Fons et au Mas de Ponge.

LIGNE DE BEAUCAIRE.

Les trains marqué d'une astérisque * s'arrêteront au chemin de Bezouce, entre Manduel et Curboussot; les autres seront directs.

De Nimes à Beaucaire : * 6 h. m., wag. découverts et voitures ouvertes; 6 h. 1[2 du m., voit. div.; 10 h. m., voit. div. : * 1 h. 1[2 du soir, wag. déc. et voit. ouv.; 2 h. soir, voit. div.; 5 h. 1[4 du soir, voit. div; * 5 h. 1[2 du soir, wag. déc. et voit. ouv.

De Beaucaire à Nimes : 7 h. 3[4 m. voit. div.; * 8 h. m. wag. déc. et voit. ouv.; 11 h. 1[2 m., voit. div.; 3 h. 1[2 du soir, voit. div.; * 4 h. soir, wag. déc. et voit. ouv.; 6 h. 1[2 soir, voit. div.; * 8 h. soir, wag. déc. et voit. ouv.; 9 h. soir, voit. div.

Les 4 premiers trains correspondent avec Alais; les trois suivants avec Alais et Montpellier; les deux derniers sans correspondances.

LIGNE DE MONTPELLIER A BEAUCAIRE

et *vice versâ* sans changer de voiture.

Les trains marqués d'un astérisque* s'arrêteront à toutes les stations comprises entre Nimes et Montpellier. Les autres ne s'arrêteront qu'à Nimes et Lunel.

De Montpellier à Beaucaire : 6 h. 1[2 matin. Le *Dimanche* 25 *seulement*, * 6 h. mat. voit. ouv.; 6 h. 1[2 matin, voit. ferm. et berlines.

De Beaucaire à Montpellier : 6 h. 1[2 soir. Le *Dimanche* 25 *seulement*, 6 h. 1[2 soir, direct pour berlines et voit. fermées desservant les stations pour les voit. ouv.

LIGNE DE MONTPELLIER.

De Montpellier à Nimes : * 7 h. mat., correspondant avec Cette et Beaucaire ; * midi, correspondant avec Alais ; * 6 h. du soir.

De Nimes à Montpellier : * 7 h. mat. correspondant avec Cette ; * midi correspondant avec Cette ; * 6 h. du soir ; * 7 h. 1|2 du soir. Le *Dimanche 25 seulement*, correspondant avec le train parti à 6 h. 1|2 du soir de Beaucaire ; 7 h. 1|4 soir voit. ferm. et berl., direct. ; * 7 h. 1|2 soir, voit. ouv. pour les stations.

LIGNE DE CETTE.

Tous les trains s'arrêteront aux stations intermédiaires.

De Cette à Montpellier : 6 h. m. correspondant avec Nimes et Beaucaire ; 10 h. mat. ; 4 h. 1|2 soir ; 6 h. 1|2 soir. Ces trois derniers trains correspondront avec Nimes.

De Montpellier à Cette : 5 h. 1|4 mat. ; 10 h. 1|2 mat. correspondant avec Nimes ; 1 h 3|4 soir ; 4 h. 1|2 soir correspondant avec Nimes.

Les places pourront être retenues d'avance aux bureaux des Stations :

A *Montpellier* et à *Lunel*, la veille, pour les trains spéciaux allant à Beaucaire ;

A *Nimes* et à *Beaucaire*, avant midi pour le soir, et après midi pour la matinée du lendemain.

Sur trois lignes de Beaucaire, Alais et Montpellier, on se charge de transporter les voitures de voyage, sans transbordement à Nimes.

Les voitures en postes sont transportées, par le chemin de fer, de Montpellier à Nimes, et de Nimes à Beaucaire et à Alais.

MM. les Voyageurs sont prévenus que les portes des stations seront rigoureusement fermées *dix minutes* avant le départ de chaque convoi.

Les bagages doivent être apportés au plus tard un *quart-d'heure* avant le départ.

L'heure des départs des stations d'Alais, de Beaucaire et de Nimes est celle indiquée par le *cadran* de M. Berger, horloger, en face de l'Hôtel-de-Ville, à Nimes, et pour les départs de Montpellier et Cette à l'heure indiquée chez M. Ducommun, rue du gouvernement, à Montpellier.

Il est expressément défendu d'envoyer des lettres renfermées dans les paquets. — Les expéditeurs seront responsables des contraventions de cette nature, pour lesquelles il serait dirigé des poursuites contre les Compagnies.

Des *services d'Omnibus* sont chargés du transport des voyageurs et de leurs bagages ; ils stationnent, à Nimes, boulevart et place de la Comédie ; place de la Couronne, et partent de ces divers points de stationnement une *demi-heure* avant le départ de chaque convoi.

A l'arrivée à Nimes de chaque convoi, un *Omnibus* transporte immédiatement les voyageurs et leurs bagages d'un embarcadère à l'autre.

BATEAUX A VAPEUR.

Société Méridionale. Bureau, sur le canal, maison Chirol, près le pont suspendu. Cette société possède des bateaux d'une marche supérieure, et qui font le trajet de Beaucaire à Lyon en deux jours. Le *Talabot*, l'*Althen*, le *Riquet*, se distinguent aussi par le confortable de leur aménagement.

Papin (les), société Lyonnaise de bateaux à vapeur; quai du Canal; à l'angle de la rue des Couvertes. Farel, agent.

Les Aigles, quai du canal. — Les Sirius, quai du canal. — Compagnie générale, quai du canal. Bonnardel frères et Four, rue de la Couronne.

—

NOUVEAUX BATEAUX DE POSTE,

Quai du Canal, hôtel de l'administration.

De Beaucaire à Toulouse en 46 heures.

DÉPARTS TOUS LES JOURS.

De Beaucaire à 5 heures du soir.

—

TRANSPORTS ACCÉLÉRÉS. — ROULAGE.

Bimar aîné, rue des Couvertes.

Bimar (Frédéric) jeune, quai du Canal.

Bonafoux et comp., commissionnaires expéditeurs; rue Cantaroly, attenant à l'hôtel du Grand-Jardin. Roulage pour tous les pays. Directeurs des Messageries Royales. Diligences et fourgons accélérés suspendus, pour Paris, Lyon, Marseille, Aix, Nice, Toulon, toute la France et l'étranger.

(*Voyez aux Messageries.*)

Bouard aîné, Michel et Pélissier, de Marseille, quai du Canal, sur la promenade.

Fize fils de Montpellier, et Averoux jeune de Béziers. Roulage général, ordinaire et accéléré. Magasin et bureau situés en foire, promenade et quai du Canal.

Jallez (Auguste) et Comp., d'Avignon, commissionnaires. Roulage pour Avigon et retour. Départ chaque jour; rue Salin-Vieux.

Lescure (Joseph) et Paulhan, de Beaucaire, commissionnaires de roulage; rue Hôtel-de-Ville.

Canal du Midi. Sery aîné, sous-directeur à Beaucaire, quai du Canal, maison Vigne. Transports de marchandises par services accélérés.

MESSAGERIES.

Diligence d'Esprit Boyer, pour Arles. 4 départs par jour; quai du Canal.

Messageries Cornille; quai du Canal.

Messageries Garcin, d'Avignon; quai du Canal.

Messageries (François) Poulin et comp., à Beaucaire, sur le canal, maison Hospitalier; à Tarascon, en face du pont suspendu. Diligences pour tous pays; plusieurs départs par jour. Deux départs par jour d'Avignon pour Lyon, 8 heures du matin et 10 heures du soir. Trajet en 17 heures. — Départ de Nimes pour Lyon, à 5 heures du soir; trajet en 20 heures; bureaux place de la Couronne. — Diligence d'Avignon faisant le service des dépêches pour Digne en 15 heures.

Messageries Royales de la rue Notre-Dame-des-Victoires à Paris. Diligences et fourgons accélérés suspendus. Paris, Lyon, Marseille, Aix, Nice, Toulon, toute la France et l'étranger. Bureaux à Beaucaire, chez MM. Bonafoux et comp., directeurs et commissionnaires de roulage, rue Cantaroly, attenant du Grand-Jardin, près du quai du Canal, à Nimes, à l'hôtel chez M. J. Roux, directeur, hôtel du Louvre.

(*Voyez aux Roulages.*)

—

HÔTELS.

Hôtel de l'Ange, tenu par Maystre fils aîné; rue de l'Ange, près l'Hôtel-de-Ville.

Hôtel des Colonnes, tenu par Sablier (Joseph) et Pons traiteurs, table d'hôte, hôtel garni; quai du Canal.

Hôtel d'Europe, quai du Canal et rue des Cordeliers.

Hôtel du Grand-Jardin, tenu par Brun-Bonafoux, près le canal. Voitures correspondant avec les bateaux à vapeur, le bateau de poste et le chemin de fer. On trouve aussi dans ce bel hôtel des voitures et des cabriolets à volonté. Les voyageurs y trouveront des chambres garnies au mois et à l'année.

Grand hôtel du Luxembourg, tenu par Antoine Villemejeanne, de Montpellier, situé Porte-Beauregard, sur le champ de Foire, en face de l'arrivée des bateaux à vapeur.

Hôtel du Midi, quai du Canal, près le pont suspendu.

Hôtel du Nord, grande allée du champ de Foire.

Hôtel du Nord, porte Roque-Courbe.

Hôtel du Roulage, quai du Canal.

Hôtel Saint-Pierre tenu par Bernard Pologne. Cet hôtel est nouvellement établi, porte Saint-Pierre, maison Jean Coste.

RESTAURATEURS ET TRAITEURS.

Bertrand (Louis), restaurateur, rue Saint-Nicolas, 10. On sert à la carte et à prix fixe ; il porte en ville et loge à pied.

Nouveau Restaurant et Café, tenu par Esprit Boyer ; près le pont suspendu, quai du Canal, et à proximité des bateaux à vapeur et chemins de fer. Assortiments de vins et liqueurs de toutes qualités. Table d'hôte, déjeûner et diner à la carte et à prix fixe.

Gerbaud, restaurateur, au Cheval Blanc ; rue des Prisons, vis-à-vis la poste aux lettres.

Restaurant et Café Massis. On sert à la carte et à prix fixe, à l'arrivée du chemin de fer.

Restaurant et café tenu par Milhaud (Moïse) et comp., place Neuve, près l'Hôtel-de-Ville. Ce restaurant se fait remarquer par la célérité et la propreté du service. Table d'hôte à midi et à sept heures du soir, à prix fixe et modéré ; service particulier pendant le jour. Il sert à la carte et porte en ville. — Par suite d'arrangements pris avec plusieurs courtiers des principales villes de France et de l'étranger, ils feront vendre, échanger et acheter toutes sortes de marchandises.

Restaurant Nitard, rue Voiron. On sert à la carte et à prix fixe, à des prix modérés.

Pons, traiteur, sert à la carte et à prix fixe, porte en ville à des prix modérés ; rue de l'Ange, n. 1.

Aux Trois Pigeons, tenu par Chabert (Antoine), de Montpellier, traiteur, sert à la carte et à prix fixe, porte en ville et loge à pied, rue Saint-Nicolas, 6.

Café Toulonnais et restaurant tenu par Montagnac (Victor) et Robert. On sert à la carte et à prix fixe, Grande Allée du champ de foire.

Viaud, restaurateur, à l'honneur de prévenir MM. les étrangers qu'il continue d'occuper son même local de l'année dernière ; rue Haute, maison veuve Rangon, n. 11. Il ose espérer que la variété des mets, la propreté et la célérité du service lui mériteront encore leur confiance. On trouvera café et jardin. Il porte en ville.

Restaurant de la Vignasse ; rue de la Teinture.

Dépôt, en foire de Beaucaire, de la morue en branlade, rue Haute, maison veuve Michel, 32. Distribution à toute heure.

—

AUBERGES.

Benezet, aubergiste, rue Cantarolly, près du Canal, porte en ville. Diners et déjeûners à prix fixe. On est servi avec rapidité ; tient chambres garnies.

Auberge de Bonnemain, place de l'Hôtel-de-Ville. Sert à la carte, à prix fixe, et porte en ville.

Auberge de la Grace de Dieu, chez Tavez, facteur des bateaux de poste, quai du Canal.

—

CAFÉS.

Café du Bazar, sur la Banquette, en face du Pré.

Café Bonnet, sur la Banquette, en face du Pré.

Café Cambon, sur le Champ de Foire, au bout du Pré. On trouve dans cet établissement trois billards et un bonne consommation à des prix très modérés. Le fond de ce café et les trois billards à vendre.

Café du Commerce, rue des Quatre-Rois.

Café des Deux Garçons. Déjeuners froids, bières de Lyon et de Strasbourg, sur la Banquette en face du Pré.

Grand café Lyonnais, tenu par Paut (Henri), de Nimes. Le public trouvera dans ce café d'excellents chanteurs, danseurs et genres comiques ; grande allée du Champ de Foire, baraque n. 2, près du Tivoli.

Café Lyonnais ; Grande-Allée du champ-de-foire, 1.

Café Morel, avantageusement connu par la bonne qualité de ses consommations ; quai du Canal.

Café Thibaud fils, successeur de Limouze et Thibaud de Montpellier, rue des Prisons, sous l'arceau.

Grand Tivoli, café chantant, au bout du pré.

Café et billards, Grande Allée du champ de foire, au Pré. On trouve dans ce café des rafraîchissements de bonne qualité à des prix modérés. (Poule aux quilles.)

LIQUIDES.

Antoine fils aîné de Beaucaire, vins fins, esprits et liqueurs, gros et détail; r. de l'Ange, vis-à-vis la poste.

Arnaud-Roux, de Nimes, marchand de vin en gros; chez Brun-Péraud, liquoriste, allée des Parfumeurs, au Pré.

Autard de Beaucaire; rue des Ursulines.

Blaud (Auguste) neveu, pharmacien de l'Ecole de Paris. On trouve dans cette maison un établissement d'eaux gazeuses qui se fait remarquer par la bonté et la pureté de ses produits.

Blanchard. Entrepôt de bière de Lyon et du Nord ; bière brune, blanche, de Strasbourg Bouchons de toutes qualités. Cet établissement a 25 ans d'existence et une renommée incontestable porte Beaugregard, près l'hôtel du Luxembourg.

Caron fils. Roulage et entrepôt de vins et spiritueux, quai du Rhône.

Guyon de Beaucaire, rhum de la Martinique 1.re qualité; rue Haute, 37, au 1.er.

Salomon-Roux, de Nimes, marchand de vin en gros; porte de la Couronne, maison Glaz.

—

INDUSTRIES LOCALES.

Bains au jardin des Cordeliers, près du canal, rue de l'Hôtel-de-Ville.

Bains à la Romaine, tenus par Banet, rue des Quatre-Rois.

Deleuze, pâtissier-confiseur, rue de l'Ange, près la Poste; fabrique de chocolat et sirops. Patés froids, dessert et collation.

Eybert (Isidore), confiseur et pâtissier, rue Haute, montée du Château. Pâtés-froids, dessert et collation.

Tir au pistolet, tenu par Robert, armurier, sur le Pré, près l'hôtel du Nord.

Vigne fils aîné, de Beaucaire, sel, grains, farines et et légumes; sur le canal.

—

ARTICLES DIVERS.

Barbush frères, de Nimes. Fournitures pour débits de tabacs, plomb de chasse, rue Beauregard, 1.

Bruno Maroyer de Lyon, chapelets; rue Tupin.

Désanat (J.) œuvres diverses de poésies provençales, ainsi que la collection du journal *Le Bouillabaisse* se trouvent en vente à Tarascon, chez l'auteur; rue

Saint-Antoine et au Café du Pont ; à Beaucaire chez tous les principaux libraires. Café du Commerce, Café Morel et à l'hôtel du Grand-Jardin, chez Brun Bonafoux.

abaume de Paris, fabricant breveté pour l'invention des bois à rasoirs, la pierre à canifs et la pâte métallique pour faire couper les rasoirs. Cet instrument et la pâte métallique, sont de beaucoup supérieurs à tous les cuirs et composition employée jusqu'à ce jour, pour faire couper les rasoirs ; rue Haute, 39, au 1.er.

e Bazar de l'Hérault, tenu par Pera, est déballé rue des Bijouteries, 20; cette vente se fait à prix fixe.

NOUVEAUTÉS EN TOUT GENRE.

chard et Eymard, de Montpellier, rue des Couvertes.

uriac et Alphonse Albert, de Beaucaire. Draperies, toileries et nouveautés, rue de la Placette.

Bonnaud et Granier, de Nimes, rue Basse.

Degasches (Mathieu) Jobez et comp., de Lyon et d'Amiens. Draperies, nouveautés, mérinos, napolitaines, etc., rue des Quatre Rois et Basse.

Devret Bertrand et comp., de Lyon. Lingeries, soieries et nouv. en tous genres, rue des Bijoutiers.

Fevet (Paul) et comp. d'Amiens, rue des Quatre-Rois.

Gaget Recordiat, de Lyon ; rue Basse.

Lefébre (Ch.) jeune et comp. Lainages et articles de Roubaix, rue des Couvertes.

Magnin (F.) de Lyon, fab. d'étoffes de soie, velours, serges et cravates, rue des Bijoutiers, 15, au 1.er.

Meyer (V.-L.) de Paris, rue des Couvertes.

Paquot frères, de Paris ; rue Basse.

Puech (M.me), de Beaucaire. Nouveautés Rouen, draperies; place Vieille, sous les Halles.

Picard (Théodore) fils, de Lyon. Soieries, foulards, cravates et velours, rue des Bijoutiers au 1.er.

Pillet, Bouffard et Lafore, de Paris. Nouveautés en gros pour gilets et pantalons, rue des Bijoutiers, n. 7 et 9.

Raoux Darmin, de Beaucaire, détail ; à la Placette.

Reynaud-Vincent, de Nimes, articles nouveautés en tout genre; rue Haute.

Reissent (Jules), Haguenore, de Paris, rue des Bijoutiers.

Roux (M.me), nouveautés et velours, rue des Prisons.

Sainclair frères, de Lyon. Lingeries, broderies et nouveautés, rue des Bijoutiers, 18.

Saint-Gès Chapsal et comp., de Paris, rue des Couvertes.

Selleron Delance et comp., de Paris ; rue des Couvertes.

Wattel (Ch.) et Desruisseaux, de Paris. Stoffs et nouveautés pour robes, rue des Couvertes.

SOIERIES.

Chaninel jeune et comp., commissionnaires, rue Lafont à Lyon. Soieries et rubans, en foire, rue des Bijoutiers, 14.

Daniel père et fils, de Nimes, fabrique de ceintures, laines, soies, et articles du Levant; rue des Tanneurs, au Grand Coin.

Picard (Théodore), de Lyon. Soieries, foulards, cravates et velours ; rue des Bijoutiers.

Robert (Auguste), de Lyon, rue des Bij outiers.

Roman (Dominiqne), de Lyon. Tulle soie en tous genres, crêpes de toutes qualités, rue des Bijoutiers, n. 31.

Roquenier frères, d'Avignon, fabricants de Florence, en tous genres ; rue Basse, au 1.er.

Tissu (J. B.), de Lyon, soieries, velours et cravates; rue des Bijoutiers, 11, maison Aillaud.

Trevoux frères; de Lyon, fab. de soieries et nouveautés; rue des Bijoutiers, angle de la rue des Couvertes.

ROUENNERIES.

Attenoux (F.-J.) de Nimes, rue des Couvertes.

Barre (Gaston), de Nimes, rue des Couvertes.

Chabas (Félix) et Pécheral, de Nimes, cravates et mouchoirs, Rouen, Cholet, etc.; rue des Quatre-Rois.

Favre-Humbert et comp. de Rouen et Lyon, rue des Couvertes.

Foulc frères, de Nimes, rouenneries; rue Beaujolais, maison Domergue.

Julian et fils, de Nimes, rue Basse.

Montel frères et Carcassonne, de Nimes, rouenneries, indiennes, calicots et autres articles, rue des Couvertes, vis-à-vis la petite fontaine.

Roustan (Jean François), et comp. de Marseille et Rouen; rue des Quatre-Rois.

Serre, Jalaguier et Combal, de Montpellier, rouenneries, indiennes et blancs; rue des Couvertes.

INDIENNES.

Breyton et frères et Jaffard, de Lyon, rue des Couvertes.

Charvet (André) et Sèves, de Lille, rue des Couvertes.

Forcade, de Marseille, rue des Couvertes.

Fourcade (Ch.) jeune et comp., de Toulouse. Indiennes de Mulhouse et de la fabrique de Toulouse, rue des Couvertes.

Gardon (L.), de Lyon. Dépôt d'Alsace, rue des Couvertes.

Labouroir (Henri), et comp. de Lyon, rue des couvestes.

Simon (Henri), de Lyon, rue des Quatre-Rois.

CALICOTS ET PERCALES.

Balpe-Chapuis, de Saint-Etienne, rue des Couvertes.

Charles (L.-A.) et Lataste, de Lyon, rue des Couvertes.

Garsiau et Camus, de Cholet, mouchoirs en tous genres et calicots; dépôt de foulards soie; rue Beaujolais.

Gros, Odier, Roman et comp., de Wesserling. Calicots et percales, rue des Quatre-Rois, maison des bains.

Gu, et Hugon, de Lyon et Cholet, fabrique de mouchoirs Cholet de Valence, calicots d'Alsace, articles Saint Quentin et Tarare, rue des Quatre-Rois.

Lehoult et comp., de Saint-Quentin. Percales; jaconas, mousselines brochées, etc., rue des Couvertes.

Marcorelles (Étienne), de Marseille. Calicots, articl. Saint-Quentin et Tarare, rue des Quatre-Rois.

Hartmann et fils. Calicots; rue des Couvertes.

Maurin (Auguste), de Marseille, rue des Couvertes.

Trautevin (Jean) et Cusenier, de Lyon, rue des Couvertes.

TOILES ET COUTILS.

Allegret père et fils, toiliers de Voiron, à la Placette.

Ayasse et Rachel, et Bonnaud et Bertholet toiliers de Voiron, représentés par Jules Bonnard, à la Placette.

Bacqué aîné, d'Ambrières, fabricant toiles et cotons, linge de table, coutils de Flers et mouchoirs en coton, rue Beaujolais, sous l'arceau, maison Guibard.

Bernard (Alexandre) de Lizieux, rue Beaujolais.

Biroard et Dépard, de Voiron, à la Placette.

Denantes (Jacques) père et fils, de Voiron, toiliers, rue de la Placette.

Desroche (Arsène), de Mayenne à la Placette.

Destailleurs (A.) de Lille, fabricant de toiles, rue du Beaujolais, 3, à l'entrée de la placette.

Fontenaist (Jean) et comp., d'Anduze, toiliers à la Placette.

Géry et comp., toiliers de Voiron, rue Voiron, près la Placette.

Hulmières et Chauvet, de Voiron, rue Voiron.

Jacquemet oncle et neveu, de Voiron, à la Placette.

Jouve-Delport et comp., de Lyon, à la Placette.

Landru et Ferrier, toiliers de Voiron, à la Placette.

Poncet (veuve) et fils et comp., toiliers de Voiron, sur la Placette.

Pontier fils, de Maurs-Château-de-Loir, et Domfront, toiliers, à la Placette.

Roux oncle et neveu, de Voiron. Toileries, linge de table, à la Placette, maison Roux.

Salze (Alexandre), de Clermont-Ferrand et Château-du-Loir. Toileries, à la Placette.

Signoret frères, de Marseille, marchand de toiles, maison de vente à Marseille et maison d'achat à Lille (Nord), à la Placette.

Solles et Taurignan, d'Ambrières et la Ferté Macé, fabricants de toiles et coutils, linge de table, mouchoirs, etc , rue des Quatre-Rois, 18, près les Bains.

Thomas (Alexandre), de Beaucaire. Détail, à la Placette.

Vallette frères, de Lille et Lyon, rue Beaujolais.

Vial père et fils, toiliers de Voiron, à la Placette, maison Goubier-Faussar.

Vidal (Alexis) et comp., de Lyon et Lille. Toileries en gros; rue Beaujolais et Placette.

—

LINGE DE TABLE.

Martin père et fils, de Panissière, fabricants de linge de table, cordasseries et canevats, rue de la Placette.

—

TOILES PEINTES.

Dollfus Mieg et comp., de Mulhouse, fabricants de toiles peintes, jaconats, laines, etc., rue des Couvertes.

Gros, Odier et Roman et comp., de Wesserling, toiles peintes, mousselines, laines imprimées, rue des Quatre-Rois, maison des bains.

Hofer frères, de Mulhouse; rue des Couvertes.

Hugand (P.) et comp., de Lyon. Art. de Mulhouse; rue des Couvertes.

Josserand et comp., de Toulouse; rue des Couvertes.

Kechlin frères, de Mulhouse; rue des Quatre Rois.

Pamau et Petit-Dossaris, de Paris; rue des Couvertes.

Schlomberger, de Mulhouse, rue des Couvertes.

Vaisse (Victor) et fils, de Marseille, Toiles peintes,

calicots et tissus de coton et de laine, rue des Couvertes.

—

MOUCHOIRS IMPRIMÉS ET MOUCHOIRS.

Bonavion Pierre, d'Avignon, fab. de mouchoirs imprimés; rue des Quatre-Rois, maison Regner.

Borel frères et comp., d'Avignon, rue des Quatre-Rois.

Brun et comp., de Toulouse, rue des Couvertes.

Buffardin fils, d'Avignon, fabricant de mouchoirs imprimés laines et cotons; en foire, rue des Quatre-Rois, n. 2; à Avignon, rue des Teinturiers.

Candy Raymond, d'Aix, fab. de mouchoirs imprimés, rue des Quatre-Rois, maison Brisse.

Céas (Jules), de Valence. Mouchoirs imprimés sur toile, fil, coton, etc., rue des Quatre-Rois, maison Quet.

Coulon (Joseph) et comp., d'Avignon, fabricant de mouchoirs imprimés, rue des Quatre-Rois.

Foul fils, d'Avignon, rue de Quatre-Rois.

Ferrand (Victor) aîné, d'Aix. Manufacture de mouchoirs imprimés, rue des Quatre-Rois.

Garreta (Antoine), de Toulouse, rue des Couvertes.

Jourdan aîné, de Tarascon, fabricant de mouchoirs imprimés, rue des Quatre-Rois, 15.

Josserand, de Toulouse, rue des Couvertes.

Lorillard, d'Avignon, fabricant de mouchoirs imprimés, rue des Couvertes, maison Deroure.

Monestier aîné, d'Avignon, fabricant de mouchoirs imprimés, rue des Couvertes, maison Bimar aîné, 10.

Mouret (Joseph), d'Avignon, fabricant de mouchoirs imprimés; coin de la rue des Quatre-Rois, en face du café du Commerce.

Mourret (Jacques), d'Avignon, rue des Quatre-Rois.

Nifenekc aîné et fils d'Héricourt, rue des Couvertes.

Pacaud, Gillet et comp. d'Avignon; fabricant de mouchoirs imprimés, rue des Quatre Rois.

Petit frères, de Lyon, Art. d'Alsace, fabrique de foulards soie, rue des Couvertes, maison Petit frères, 11.

Roux frères, de Montpellier, fabricants de mouchoirs de poche de Rouen et Cholet, rue des Quatre-Rois.

Vitout et comp., d'Avignon, rue des Couvertes.

MÉRINOS NAPOLITAINES.

Chambeyron frères, de Lyon. Soieries, châles, lainages et nouveautés, rues des Halles et Tupin.

Pélissier jeune, de Nîmes, mérinos, napolitaines et châles; rue Basse.

Wulverych et Couturié, de Paris, fabrique de mérinos, châles, tissus, nouveautés, etc; rue des Bijoutiers.

ARTICLES BEAUJOLAIS.

Alfred Michel et C.e, de Nimes, articles de Beaujolais, toiles de crétonne de Lisieux; rue des Couvertes et Beaujolais, maison Dupuis.

Calvat (Victor) et comp., de Lyon, rue des Prisons.

Couvert jeune et comp., de Lyon. Articles Beaujolais, rue du Beaujolais, sous l'arceau.

Fayot frères et comp., de Marseille, rue des Couvertes.

Lauzero et Lagrange, de Thizy. Articles Beaujolais, rue des Couvertes, 12.

Pravieux-Fayot, de Reguy, rue des Quatre Rois.

DRAPERIES.

Amalry, Devillas et Foulc, de Nimes, nouveautés, draperies du Nord et du Midi, rue Basse et Quatre-Rois.

Assaud jeune et comp., de Bédarieux ; rue Haute.

Antoine (Victorin), de Beaucaire. Détails, draperies et nouveautés, rue Basse.

Barnier (Jean), père et fils, de Bédarieux, commissionnaire en draperies ; maison Breton, rue Haute.

Bels Sicard, frères, de Limoux ; rue Haute.

Boissier frères et fils, de Nimes, draperies et nouveautés ; rue Basse et rue des Quatre-Rois.

Bousquet (Jean) jeune, fab. de draperies en noir ; rue Basse, 20.

Brustier (Paul), de Mirepoix (Arriége), fab. de draps et nouveautés ; rue Basse, maison Bassignol.

Charrin, et Comp., de Lyon, rue des Bijoutiers.

Cazalens fils et comp., de Chalabre, fab. de draps et nouveautés ; rue Basse, maison Bassignol.

Cousinier, de Carcassonne, fab. de draps, rue Basse, maison Dupuy.

Debru (Joseph) de Bédarieux ; rue Haute.

Fabrevat père et fils, de Bédarieux ; rue Haute.

Gaillard (Claude) et comp., de Lyon, r. des Prisons.

Margarot père et fils, de Nimes, rue Basse.

Muret Solanet et Palangié, de Saint-Geniès, fab. de draps, moletons et articles de la Lozère ; rue Haute.

Pendrié et comp., de Lyon, draperies à commission ; rue Basse, 27.

Picheral (Louis) et comp., de Nimes. Draperies, nouveautés, velours, etc., rue Basse.

Puech Salaville et André, de Lodève, fab. de draps; rue Haute, maison Paut.

Sabatier (Auguste), de Carcassonne, manufacture de draps; rue Basse.

Sicard père et fils, de Bédarieux; rue Haute.

Thomas (Alexandre), de Beaucaire. Détail de draperies et nouveautés, rue des Bijoutiers, en face son magasin de l'année.

Talon frères (Claude et François) de Lyon. Draperies, rue Basse.

Vernazobres (Jean) et fils, de Bédarieux, rue Haute.

—

MOLETONS.

Jeanty Calibel de Mazamet, fab. de moletons en tous genres; rue Basse.

—

COUVERTURES.

Accary (veuve) et fils, de Lyon, fab. de couvertures en laines façonnées et piquées en coton, rue des Quatre-Rois, 2, au 1.er.

Bremond frères, de Lyon; rue des Couvertes au 1.er.

Courtois. de Lyon; rue des Couvertes.

Dumon frères et Mouly, de Lyon, rue des Couvertes.

Ernest Beudon, de Paris. Couvertures en tous genres, rue Basse, 34.

Michard de Cours (Rhône); rue des Couvertes, au 1.er.

Olivier-Fort, de Tournus, fabricant de couvertures en tout genre, rue des Quatre-Rois, 3, au 1.er.

Tiran fils, fabricant d'étoffes et couvertures, sur la Placette, au 1.er, maison d'Arlac.

CHALES ET FOULARDS.

Cantoni, de Paris. Châles, rue des Couvertes.

Corrompt Joseph et fils, de Lyon. Manufacture de foulards, rue des Quatre-Rois, maison Henri Simon.

Daudet aîné et C.e, de Nimes, fabricants de foulards et cravates nouveautés, rue Basse, chez MM. Bonnaud et Granier.

Devailly père et fils. Châles, rue des Bijoutiers.

Grainville (C.-D.) de Paris. Dépôt de foulards de l'Inde et nouv. fantaisies; rue des Couvertes.

Laval et comp., de Villefranche, r. des Quatre-Rois.

Mirabeau et comp. de Nimes. Articles lainages et châles, rue des Bijoutiers.

Pioly aîné, de Nimes, articles de Nimes, châles, foulards et cravates, rue Haute.

Sauvayre-Marianny et Larguèze, de Lyon, rue Basse.

Terrillon et Mesanguy, de Paris. Foulards anglais, rue des Couvertes; maison Petit frères, n. 11.

CRAVATES.

Brick et Dietsch. Manufacture de cravates de Sainte-Marie-aux-Mines, rue des Couvertes, maison Petit frères, n. 11.

Desana frères, de Paris. Cravates imprimées, rue des Couvertes, maison Petit frères, n. 11.

Reynaud et Johnson, de Paris. Cravates, fichus 3/4 et 5/4, cache-nez, impressions, articles de Paris, rue Basse, n. 41.

Urner Zurcher et comp., de Sainte-Marie-aux-Mines, rue des Couvertes, au 1.er.

TULLES ET DENTELLES.

Beaujour frères, de Caen, rue des Couvertes.

Bergougnhoux-Charreiron, du Puy, r. des Bijoutiers.

Bonardel (Jules) et comp., rue des Bijoutiers.

Calvet-Besson, rue des Couvertes, au 1.er

Dussap, du Puy, rue des Couvertes, au 1.er

Gagnère (Victor), du Puy. rue des Bijoutiers.

Guillermin-Montel, de Lyon. Dentelles, fantaisies, tulles en tous genres, châles et broderies pour la Corse et l'Espagne, rue des Bijoutiers, 25.

Henriot (M.me), du Puy, rue des Bijontiers.

Keenan, de Caen, fabricant de tulles, rue des Couvertes.

Massebeuf fils, du Puy, rue des Couvertes, au 1.er

Mey et Belin, de Montpellier, rue des Couvertes.

Ponceblaud et Chatard, de Nancy, rue des Bijoutiers.

J.-A. Tholozan et C.e, de Nimes, dentelles et tulles; rue des Couvertes, n. 1, maison veuve Roque.

Teyssot (Etienne), de Saillant, place Vieille, sous l'Arceau.

Vallette-Heusery, de Paris, rue des Couvertes.

Varenne père et Mouliera-Chaurant, du Puy (Haute-Loire), fabricants de dentelles noires et blanches, rue des Bijoutiers, n. 12.

MOUSSELINES. — BRODERIES.

Blum (Théodore), de Lyon, rue des Bijoutiers.

Boucoiran fils, de Nimes, rue Place-Vieille, sous l'arceau.

Bourgon aîné, de Nancy. Broderies, rue des Couvertes, 1, au 1.er.

Fabre Schmitz, de Nancy; rue des Couvertes.

Favier Gay, de Nancy; rue des Couvertes.

Girardet fils, de Tarare. Art. nouveautés de Tarare et Saint-Quentin, rue des Couvertes.

Gleyre et Wittwer frères, rue des Couvertes.

Grand-Jean-Maas; rue des Bijoutiers.

Lapierre père et fils, de Nancy; rue des Bijoutiers.

Maurin et Bedin fils, de Tarare; rue des Couvertes.

Node, Veran, Reboul, de Montpellier, rue des Couvertes.

Ruffier-Leutener, de Tarare, rue des Couvertes.

Silésie et Mars (M.lles), de Nancy, fabrique broderies, rue des Couvertes.

Visconte et Bone, du Puy, rue des Bijoutiers.

Volay, de Nimes, articles en blanc, rue des Couvertes, maison Volpellière.

—

MODES ET NOUVEAUTÉS.

Daniel (M.me), de Lyon; rue Basse.

—

FLEURS ARTIFICIELLES.

Segretin, de Paris; rue des Bijoutiers.

Chabaud Coylier, de Lyon; rue des Bijoutiers.

—

RUBANNERIE.

Brun et Girard, de Lyon. Rubans en pièces et coupons, rue des Bijoutiers, 15, au 1.er.

Colard (François) et comp., de Marseille, rubans; rue des Bijoutiers.

Didier Costel, de Saint-Etienne; rue Basse.

Faure (J.-L.). de Saint Etienne. rue des Bijoutiers.

Lassonery et Chatard, de Lyon, rue des Bijoutiers.

Reynard Bandinand, de Saint-Etienne: rue Tupin.

Roche et Barberoux, de Marseille, rue des Bijoutiers.

Sébile (P. J.) aîné et comp.; rue des Bijoutiers, 29.

—

BONNETERIE. — GANTERIE.

Audibert et Martin, du Vigan, filateur de fantaisie et fab. de bas de bourre de soie, rue Haute, maison Laurent.

Boissier Cadet, de Saint-Hippolyte-du-Fort, fab. de bonneterie, rue Haute.

Bonniols aîné (B.my), du Vigan, fab. de bonnets de soie, mi-soie et coton, bas surfins; rue Haute.

Crouzet (Alphonse), de Sauve, fab. de bonneterie de coton en tout genres; rue Haute, maison Perrot.

Daniel père et fils, de Nimes, fabrique de bonneterie de laine et laines à tricoter; rue des Tanneurs, au Grand-Coin.

Germain fils, de Nimes, ganterie et bonneterie en soie et mi-soie, représenté à Beaucaire par M. Pierre Germain, rue Haute, maison Rangon, près l'Arceau; à Nimes, place de la Bouquerie, maison Lagorce.

Larnac Mejean, de Nimes, fabricant de bourrelets, brassières et ceintures pour enfant; rue Porte-Beauregard.

Malbos Durand, de Troyes et Marseille. Bonneterie générale et art. de Paris, rue des Quatre-Rois, 10.

Paillet (Prosper), de Nimes, fabrique de lacets et cordons en tous genres, bonneterie de Nimes et des Cevennes; à Beaucaire, porte Beauregard, chez Espion Larnac (Daniel); à Nimes rue de la Pitié.

Rocheblave (Paul), de Saint-Hippolyte (Gard), fab. de bonneterie, soie et mi-soie; rue Haute, maison Perrot.

Roussel (François), Annat aîné et Coulomb, du Vigan et Sauve, filature de coton et fab. de bonneterie et tricots; rue Haute, maison Fouquet.

—

PASSEMENTERIE.

Bertrand et C.e, de Nimes, fabricants de bretelles, galons, bas et tapis en tous genres; rue Haute, maison veuve Michel.

Ducros et C.e, fabricant de galons; en foire rue Haute; à Nimes, rue Bât-d'Argent.

Espérandieu (Alexandre), de Nimes, fabrique de galons et bonneterie en tout genre; en foire, rue Haute; à Nimes, place Balore, derrière la place de la Bouquerie.

Guirauden Colançon, de Nimes, fabrique de bretelles, en tout genre; en foire rue Haute, à Nimes, rue Baduel, près le Grand Cours.

Julien-Magne et Chabert, de Nimes, fabricants de galons en bordures, bourre de soie et filoselle à tricoter, fantaisies en bourre et filées; rue Haute, maison Peyre.

Ode et comp., rue des Bijoutiers.

Robert, de Lyon, fabricant de passementerie, rue Basse, 44. Grand assortiment de frange torse effilée de toute hauteur. Dépôt de soie à broder.

MERCERIE.

Dufour de Beaucaire, gros et détails, habillements confectionnés, quincaillerie; mercerie et bonneterie en tous genres; rue Haute, 39, près la Place-Vieille.

Guinier frères, Porte-Beauregard.

Guirauden (Pierre) de Nimes, fab. de bretelles, ceintures, maillots, galons, etc.; rue Haute, 37.

Lebrun et Euzet, de Montpellier, mercerie, quincaillerie, jouets d'enfants, rue de la Teinture, 11.

Santallier frères, de Lyon. Dépôt d'aiguilles anglaises en tous genres, rue Tupin, sur l'arceau au 2.me.

Vidal-Béreaud, de Nimes, mercerie et bonneterie en gros; rue Porte-Beauregard, n. 2.

QUINCAILLERIE.

Espion-Larnac-Daniel, de Lille; rue Beauregard.

Guinier frères, Porte-Beauregard.

Perraud jeune, de Paris. Quincaillerie, bijouterie, mercerie et jouets d'enfants. Fabrique d'éventails en tous genres, rue de la Teinture, 8.

QUINCAILERIE (GROSSE.)

Dubreul oncle et neveu, fab. de quincaillerie de Lyon, Saint-Etienne, Allemagne et autres; rue Beauregard.

Granger Veyron aîné, de Lyon, fab. de grosse quincaillerie; allée des Platanes, barraque, 11, 12, 13.

Grille Samuël de Nimes, grosse quincaillerie d'Allemagne et de France, grande-allée du Pré, à droite, 7.

Malanot (Jean) de Nimes, grosse quincaillerie de

France et d'Allemagne ; grande-allée du Pré, à droite, 9.

Michel et Eyroux, de Nimes, grosse quincaillerie, fers, métaux : entrepôts des zincs de la Vieille Montagne ; place Vieille, près la Porte-Beauregard.

Vitou (Jules) de Montpellier, grosse quincaillerie ; allée des Marchands de fer, barraque, 9.

—

BIMBELOTERIE OU JOUETS D'ENFANTS.

Guinier frères. Jouets d'enfants, Porte-Beauregard.

Perety de Lyon, fab. de jouets d'enfants en étain ; allée des Parfumeurs, 5, côté du Rhône.

Sanoner et Molknecht, de Lyon. Jouets d'enfants en gros, rue Porte-Beauregard, 45.

Stufleser et comp., de Lyon. Jouets d'enfants en gros, rue Tupin, sous l'arceau.

—

(BIJOUTERIE FAUSSE.)

Guillebaud de Paris, fab. de bijoux dorés. Spécialité pour bretelles, art. de Paris ; rue Haute, 39, au 1.er.

Guinier frères. Bagues en doublé, Porte-Beauregard.

—

BIJOUTERIE. — JOAILLERIE.

Avinenc, de Paris, fab. de bijouterie or et argent, tient aussi un grand assortissement de bijoux en cuivre doré ; café du Commerce, au 2.me.

Ballanche, de Lyon. Joaillerie en gros ; rue des Quatre-Rois, maison du café du Commerce.

Berthel et Gagneur, de Lyon. Bijouterie, orfévrerie, articles d'église en gros; rue des Quatre-Rois.

Chaudordy père et fils, de Nimes, bijoutiers, en gros, achètent les matières d'or et d'argent; maison Grillet, vis-à-vis le café du Commerce.

D'Afrique, de Paris, fabricant de bijouterie et chaînes en or; rue des Quatre-Rois, maison du Café du Commerce.

Gallié, (C.) de Toulouse. Bijouterie en doublé d'or, lunetterie en tout genre, bijouterie de religion, dépôt de corail, dépôt spécial de pendules de Japy fils, orfévrerie en plaqué d'argent, cartonnages; café du Commerce 7.

Glize, marchand en gros de fournitures de bijouterie et d'horlogerie; rue des Quatre-Rois, maison du café du Commerce.

Jance et Vial de Lyon, fab. de bijouterie, d'orfévrerie d'église et de table; maison du café du Commerce, au 1.er, n.o 10 et 11.

Laurin frères, de Marseille. Joailliers en gros; rue des Quatre-Rois.

Morel Félix, bijouterie et lunetterie; rue des Quatre-Rois.

Papon, de Paris. Bijouterie en tout genre. Détail, place Vieille, sous l'arceau.

Schmitz frères. bijouteries de Paris en gros; rue des Quatre-Rois, maison du café du Commerce.

Vagneur neveu de Paris, rue Montmorency 13; à Beaucaire rue des Quatres-Rois, en face du café du Commerce.

—

HORLOGERIE. — ORFÈVRERIE.

Bachelard père, de Besançon Horlogerie en gros; rue des Quatre-Rois.

Moat, de Nimes, fourniture d'horlogerie; rue des Quatre-Rois, maison Delor, au 1 er.

—

HABILLEMENTS CONFECTIONNÉS.

Bloch, de Paris. Aux mille fracs, habillements confectionnés, rue Porte-Beauregard.

Clava, de Lyon; rue Porte Beauregard.

Descourt-Chapel, de Nimes. Habillements confectionnés; rue Porte-Beauregard.

Jullian et fils, de Nimes, habillements confectionnés et chemises; rue Basse et rue d'Uzès.

Magaud (A. J.) de Lyon, habillements confectionnés, articles divers pour gilets à bon marché; rue des Bijoutiers, maison Bonnefoi, au 1.er.

Veuve Privat-Pascal, de Nimes, habillements confectionnés pour la France et l'exportation; rue Haute, près la place du Marché, à Beaucaire; maison, à Nimes, rue des Marchands, à Marseille, sur le Port, n. 1, et traverse Coutellerie, n. 7.

—

CHAPELLERIE. -- CASQUETTES.

Villard de Ménard d'Arles, fab. de casquettes, chapeaux soie et sans apprêt; au Bazar, au 1.er.

—

CHAUSSURES.

Braymond, de Paris; rue de la Teinture.

Crouzet de Beaucaire, fab. de chaussures en tous genres, gros et détail; rue de la Teinture.

Heyraud (Antoine,) fabricant de chaussures de la maison centrale de détention de Nimes, rue de la Teinture, n. 12.

Maroger (Louis), de Nimes et d'Embrun (Hautes-Alpes), fabricant de chaussures, rue de la Teinture, maison Bancel et allée des Cordonniers.

Roubin et Teissier, de Nimes, fabricants de chaussures en gros; rue de la Teinture, maison Darlach, à Beaucaire.

—

LUTHIER.

Jardin, de Nimes, fabricant d'instruments en tous genres; au Bazar, à Beaucaire; et boulevart de la Comédie, n. 7, à Nimes.

—

PORCELAINES ET CRISTAUX.

Brusselle, de Nimes, grand assortiment en cristaux, porcelaines, pendules, demi-porcelaines, tôle, faïences, verreries, etc., etc. Le tout vendu à des prix très-modérés; allée des Faïenciers, barraques n.° 1 et 2.

Clot fils, faïence, porcelaines et cristaux, articles de dorure et de fantaisie; allée des Faïenciers, 8.

D'Harboras Delmas de Nimes, allée des Faïenciers.

Dubois fils, de Toulouse, porcelaines et cristaux, art. de fantaisie; allée des Faïenciers.

Digue de Nimes, porcelaine et cristaux; allée des Faïenciers, barraque 17.

Niel (Joseph), jeune, fab de faïence de Varages, allée des Faïenciers, barraque 16.

Oriol Auguste, de Nimes, porcelaines et cristaux et art. ord., allée des Faïenciers, 12 et 2, à la Pompe.

Au bazar Limousin; allée des Faïenciers.

VERRERIE.

Beaux et Duroux de la Rochère (Haute-Saône), fab. de verre fin, façon cristal, verres moulés et verres taillés; allée du Rhône, barraque 4.

Mougin frères, fabricants de verres fins taillés et moulés, domiciliés à Portieux (canton de et par Charmes, département des Vosges), ordinairement à Beaucaire en foire à la baraque n. 3, allée du Rhône.

Neuvesel (J.) fils et comp., de Givors, verres à vitre, bouteilles et gobelets; allée du Rhône, 5.

Richarme 3 frères, de Rive-de-Gier, verres à vitre, bouteilles et gobelets; allée du Rhône, 24 et 25.

Robichon frères et comp. de Rive-de-Giers et Givors, verres à vitre, bouteilles et gobelets, allée du Rhône 6 et 7.

LAMPES ET QUINQUETS.

An, de Nimes, lampes et quinquets en tous genres, à vendre et à louer; allée des Faïenciers.

OMBRELLES ET PARAPLUIES.

Delpuech, d'Arles; rue des Bijoutiers.

Poujet (Jean), de Nimes, ombrelles, parapluies et cannes; rue des Bijoutiers, maison Roche, vis-à-vis le Bazar.

PEIGNES ET BROSSES.

Alizet fils, de Liran (Arriége), fab. peigne en buis, bois et bonne corne, divers articles en jais, pour l'intérieur et l'étranger; rue de la Teinture.

Coste (Jean), Bez, du Peyrat par Mirepoix (Arriége), fab. de peignes de bois , buis et cornes , ouvrages de jais ; rue de la Teinture.

Guyot et comp. , successeurs de Julien de Lyon , fabricant de brosseries et pinceaux en tous genres ; rue Tupin , au 1.er

Lharmurout et Fournier , fabricants de peignes d'ivoire et d'écailles en tous genres ; rue Tupin, maison Bonnefoi.

Nadal (Auguste) , de Peyrat sur l'Hers (Arriége), fab. supérieure de peignes de cornes , buis , bois , art. de jayet ; rue de la Teinture.

—

COUTELLERIE.

Bizet Pradel ; rue Beauregard.

Charles Girard , de Nogent , fabricant de coutellerie , rue Tupin , maison Bonnefoi.

Edmond Billon de Langres, marchand de coutellerie au Bazar.

Mareschal Girard , de Nogent , fabrique et magasin de coutellerie ; rue Tupin , 8 , au 1.er.

Menière Sauvagnat de Thiers , fab. de coutellerie en tous genres , rue de la Teinture , maison Quet.

—

FOURNIT. DE CHAPELLERIE.

Checarelli aîné , de Lyon ; rue Tupin.

Matteucci (Louis) , four. de chapellerie, fab. de casquettes , maison de commission ; au Bazar , au 1.er.

CHAPEAUX DE PAILLE.

Baumgartner frères et comp., fabricants de chapeaux de paille et ouate de coton. Fournitures de modes, rue Basse.

Gayet Regodiat, de Lyon. Chapeaux de Paris en paille d'Italie, nouveautes et fournitures pour modes, rue des Bijoutiers, 15, au 1.er.

Maragliano frères, de Marseille, fabricant de chapeaux de paille; rue Basse.

FOURNITURES DE BUREAU.

Villard, de Marseille. Dépôt de plumes métalliques, fourniture de bureau et aiguilles à coudre, rue Tupin, n. 11.

PAPIERS PEINTS.

Campagnac, de Beaucaire, papiers peints. Prix très-modérés; rue Haute, maison Failler.

Poinet d'Avignon, fab. de papiers peints, décors et nouveautés, rue des Bijoutiers, 33, au 1.er

PAPETTERIE. — LIBRAIRIE.

Eyrées de Pertuis, fab. de registres et art. de bureaux, gros et détail, au Pré, barraque, 2, en face de la banquette.

Gervais Auguste, neveu, de Nimes, marchand papetier et fab. de cartons; barraque n.° 1, vis à-vis la Banquette.

Peyri d'Avignon, imprimeur-libraire, tenant la foire toutes les années; rue Basse, maison Volpellière.

Richard (C.) de Nimes, librairie ecclésiastique, de piété et d'éducation ; rue Basse.

—

EPICERIE. — DROGUERIE

Mirande Bauzon et C e, de Nimes, épiciers en gros, grains et farines; quai du Canal, maison Loche-Maurel.

Gaillard (Hippolyte), de Nimes, épiceries en gros; rue de la Teinture.

Vidal (S m), voyageur de la maison Driole-Billerey, épicier en gros à Nimes; à Beaucaire, rue de la Teinture.

—

PARFUMERIE.

Cavalier jeune, de Grasse et de Montpellier, parfumerie, eau de fleurs d'oranger et essence en gros et en détail ; allée des Parfumeurs, cabanne 20, côté de la ville. — Grand dépôt de chocolat roussilonnais.

Cavalier père et fils, seul de ce nom, établi à Montpellier, ayant parfumerie à Grasse ; à Beaucaire, allée des Parfumeurs, 11.

—

LIQUORISTE.

Brun-Pérod Théodore et comp., de Voiron (Isère), allée des Parfumeurs, baraque 17 ; liquoriste, inventeur du china-china.

FRUITS SECS. — SALAISONS.

Bimond Fabre, allée des Parfumeurs, baraque n. 11, côté du Luxembourg. Spécialités pour dattes, fruits étrangers, salaisons et comestibles de toute espèce. Vente avec garantie. (Gros et détail.)

Cassoute, de Marseille, à la Source des belles dattes, en gros et en détail; allée des Parfumeurs, 15, côté du Rhône.

Conquy (S.) fils de Marseille, négociant en fruits secs; allée des Parfumeurs, 24, côté du Luxembourg.

Planel et comp. de Marseille, dattes, fruits secs et salaisons; allée des Parfumeurs, barraques, 21, 22.

ART. DE GÊNES. PATES ET OIGNONS DE FLEURS.

Ageno, de Gênes, sur la Banquette, cabane 1.

Augier (Paul), d'Aix, idem, c. 2.

Pessale frères, de Nervi, idem, c. 9.

Peuco (Emmanuel), de Nervi, idem, c 13.

Peuco (Seranega), de Gênes, idem, c 35.

Rigi (André), de Marseille, idem, c.

Serre, de Lille (Vaucluse), idem, c. 17.

COFFRETIERS.

Page, de Lyon, allée des Faïenciers.

Chalamel de Lyon; allée des Faïenciers.

Tréfort de Lyon; allée des Faïenciers.

ROMANIERS.

Béranger et comp de Lyon, balancier breveté sans garantie du gouvernement, successeur de Tarpins Brémal, à Beaucaire, rue Basse et champ-de-foire, allée des Papetiers ; ponts à bascules, bascules portatives, romaines, balance de luxe et autres, poids et mesures.

Gay (Auguste) et comp., grande manufacture à Marseille ; rue Paradis, 50, ponts à bascules et bascules portatives en tous genres ; allée du Pré, 15.

Sivan, de Tarascon, balance et romaine, au Pré, allée des Faïenciers.

AUFFIERS. — BOUCHONS.

Aumeras Joseph, de Marseille, bouchonniers, grande allée du Pré.

Arnaud (veuve) auffier de Marseille, grande allée du Pré, baraque 6.

Blanc (Jean), de Marseille, auffier, grande allée du Pré, baraque 6.

Bonnet (Jacques), d'Aix, bouchonnier, grande allée du Pré.

Blanc (Jean), de Marseille, auffier, grande allée du Pré, barraque 6.

Bonnau. bouchonnier ; grande allée du Pré.

Cammal, de Nimes, bouchonnier ; grande allée du Pré.

Carle, de Marseille, auffier ; Grande allée du Pré, barraque n° 1.

Chabert, de Marseille, auffier ; grande allée du Pré, 3.

elmas, de Montpellier, bouchonnier ; grande allée du Pré.

uplan, de Marseille, bouchonnier ; grande allée du Pré, barraque 4.

iraud, bouchonnier ; grande allée du Pré.

uès, de Marseille, auffier ; grande allée du Pré, barraque 4.

amotte, de Marseille, auffier ; grande allée du Pré, barraque 7.

éonard, de Montpellier, bouchonnier ; grande allée du Pré.

mon Baptiste, bouchonnier, de la Garde-Freynet, grande allée du Pré. 2.

egnier Barthélemy, de Vidauban ; grande allée du Pré.

ayaud, de Marseille, auffier ; grande allée du Pré, barraque, 2.

eboul Pierre, de Pignan, bouchonnier ; grande allée du Pré.

agan (Marie), de la Garde-Freynet, bouchonnier ; grande allée du Pré, 3.

errin (Etienne) de Soliès, Pont du Var, bouchonnier ; grande allée du Pré.

incent (Jean), de Montpellier, bouchonnier ; grande allée du Pré.

—

ART. DE SELLIER ET DE BOURRELIER.

aniel père et fils, de Nimes, fabrique de laines, ravats et autres articles pour bourreliers ; rue des Tanneurs, au Grand-Coin.

Ducros (C et D.) frères de Nimes ; fabricants de laines, ravats et autres articles de bourrelier ; rue des Tanneurs, vis-à-vis l'église des Cordeliers.

Fabre (Jacques), de Nimes, fabrique de housses, laines filées, couvertures en tout genre et tous les articles de bourrelier ; en foire, rue des Tanneurs, maison Fayet, au coin de la rue de la Prison, au 1.er étage; à Nimes, rue Graverol, près le Grand-Cours, en face de l'ancienne poste.

—

TANNEURS — CORROYEURS.

Aldébert (Antoine) fils et frère de Milhaud, chamoiseurs, rue des Tanneurs.

Aldébert (Pierre) père et fils de Milhaud, chamoiseurs, rue des Tanneurs.

Astier, du Bourg Saint-Andéol, fabricant tanneur, rue des Tanneurs.

Baullene, de Roanne, fab. tanneur, rue des Cordeliers.

Bonal, (d'Alais), fabricant tanneur, rue des Tanneurs.

Broujon frères, d'Ayanne, fabricants tanneurs, rue des Cordeliers.

Bureau Joseph, de Tarascon, fab. tanneur et marchand de cuirs; rue des Cordeliers, maison Jean Sourd.

Calmette, de Saint-Hippolyte, fabricant tanneur, rue des Cordeliers.

Carrière frères et Dupont, de Milhaud, chamoiseurs ; rue des Tanneurs,

Chabaud, de Nimes, fabricant tanneur et corroyeur, rue des Cordeliers

hay Cadet, de Bagnols, fabricant tanneur; rue des Pêcheurs.

lare, de Vallon, fab. tanneur, rue des Tanneurs.

assac (Joseph), de Beaucaire, fab. tanneur, rue rue de l'Hôtel-de-Ville.

assac Veran et Sève de Beaucaire, fab. tanneurs; rue des Tanneurs.

upierre, d'Ayanne, fab. tanneur, rue des Tanneurs.

ngeniol, de Vienne, f. tanneur, rue des Tanneurs.

lotard-Carrière, de Milhaud, chamoiseur, rue des Cordeliers.

imermon, de Lyon, corroyeur, rue des Tanneurs.

oujon frères, d'Ayanne, f. tanneur, r. des Tanneurs.

ay frères, de Milhaud, chamoiseurs, r. des Cordeliers.

ranier (Xavier) d'Avignon, fabricant tanneur, rue des Cordeliers, près le Grand-Coin.

louett, de Paris, fab. tanneur, rue des Tanneurs.

atour frères, de Saint-Hippolyte, fab. tanneurs, rue des Cordeliers.

argueze aîné, de Montpellier, fab. tanneur, rue des Tanneurs.

ladier, du Bourg-Saint-Andéol, fab. tanneur, rue des Cordeliers.

loulin (André), d'Avignon, fabricant tanneur, rue des Cordeliers, maison Charvel aîné.

aumier (Louis), de Nimes, fabricant tanneur, rue des Cordeliers.

érignon et Chaumon, de Moulins, fabricants tanneurs, rue des Tanneurs.

lacide, du Bourg-Saint-Andéol, fab. tanneur, rue des Cordeliers.

Pons frères, de Tarascon, fabricants tanneurs; rue d
la Paille, maison Dorée, n. 1.

Privat, d'Ayanne, f. tanneur, rue des Tanneurs.

Raymond, de Vienne, f. tanneur, rue des Tanneur

Roque, de Montpellier, f. tanneur, r. des Tanneur

Saltet aîné, de Milhaud, chamoiseur, rue des Ta
neurs.

Sauvant et Pépin, de Tarascon, fabricants tanneur
garouille; rue des Cordeliers, maison Blanchon.

—

CUIRS ET PEAUX.

Allard de Marseille, marchand de cuirs, rue des Ta
neurs.

Burdaret Attouët, de Toulouse, marchand de cuir
rue des Cordeliers.

Capin et comp. de Toulouse marchands de cuirs, r
des Tanneurs.

Chacessie aîné, de Lyon, marchand de cuirs, rue d
Tanneurs.

Clavel, d'Avignon, marchand de cuirs, rue des Ta
neurs.

Darius et comp., de Toulouse, marchand de cui
rue des Tanneurs.

Duvernet (Jacques) et comp., d'Avignon, marcha
de cuirs, rue des Cordeliers.

Estragnat, de Lyon, marchand de cuirs, rue des T
neurs.

Favier, d'Avignon, marchand de cuirs, rue des C
deliers.

Gaubin jeune, de Lyon, marchand de cuirs, rue des Tanneurs.

Gayran cadet, de Marseille, marchand de cuirs, rue des Tanneurs.

Laviale, de Nimes, marchand de cuir; en foire, rue des Cordeliers, maison Blanchet, en face de l'église; à Nimes, boulevart des Calquières.

Lombard fils, d'Avignon, marchand de cuirs; rue des Tanneurs, en face de celle des Prisons.

Manche fils, de Marseille, marchand de cuirs, rue des Tanneurs.

Morenas (Charles), d'Avignon, marchand de cuirs de toute espèce, gros et détail; commerce en gros de peaux d'agneaux, moutons, cheveaux, en poils et réaux; ventes de laines en soint (dite toison); à Avignon, place des Carmes, 25.

Morenas frères, d'Avignon, marchands de cuirs et peaux en poil de toute espèce; rue des Tanneurs, maison Delille.

Roque et Ravel, de Marseille, marchands de cuirs, rue des Tanneurs.

Tournez, d'Avignon, marchand de cuirs, rue des Tanneurs.

Tournez fils de l'aîné, de Marseille, marchand de cuirs, rue des Tanneurs.

Tournez (Louis), de Marseille, marchand de cuirs, rue des Tanneurs.

Vermeil fils aîné, de Nimes, marchand de cuirs et peaussier; rue des Cordeliers, vis-à-vis l'église.

Vermeil (Jules), de Nimes, cuirs et peaux tannés pour bottier et cordonnier; rue des Tanneurs.

LAINES.

Aubanel, de Sommières, laines ; rue du Château.

Alfandéric, de Saint-Rémy, marchand de laine ; rue du Château.

Carcassonne frères, de Salon, laines, rue du Château.

Chauvet fils, d'Aix, laines, rue du Château.

Cheilan père et fils, de Cavaillon, rue du Château.

Comte et Mouret, de Salon, marchands de laines, rue du Château.

Dethès, d'Aix, laines, rue du Château.

Fiau de Salon, laines et peaux de moutons ; rue du Château.

Germon, d'Aix, laines, rue du Château.

Guanterme d'Arles, marchand de laines ; rue du Château.

Lyon, d'Aix, laines, rue du Château.

Lorgiret d'Arles, marchand de laines ; rue du Château.

Mistra de Salon, marchand de laines ; rue du Château.

Ode, d'Aubaroux, laines, rue du Château.

Saltet (Victor), négociant de Nimes, laines de draperies et peaux de Buenos-Ayres ; en foire, rue du Château ; à Nimes, rue des Fourbisseurs, n.° 5.

SOIES.

Blanchet jeune, négociant en soies, rue du Jeu-de Paume, maison idem.

Monastier aîné, d'Avignon, négociant en soies, rue du Jeu-de-Paume, maison idem.

Ravin et Bonnet, d'Avignon, négociant en soies, rue du Jeu-de-Paume, maison idem.

Ytier, d'Avignon, négociant en soies, rue du Jeu-de-Paume, maison idem.

—

FERS ET FONTES.

Dufournel César et fils, de Lyon, marchands de fer; allée des Platanes, barraque 11, 12, 13, 14, 15.

Delerieux (J B.) de Lyon, fab. de fourneaux, poëles, etc.; allée des Platanes, 6 et 7.

Duval (L.-V.) de Saint-Laurent-en-Rayons (Drôme) forges de fers fins en barre, martinets carrés, plats, ou ronds; instruments aratoires; pelles, bêches, louchets et fourches; dépôt à Nîmes, rue Fresque, 35, en foire, allée du Rhône, 20.

Fayet-Mouton, de Lyon, tôles, fers blancs et poëles; allée des Platanes, barraque 5 et 6.

Marcellin Charles Devret et comp., de Lyon, fers et fontes, allée des Platanes, barraques 16, 17, 18, 19.

Roux-Prenat et comp., de Lyon; quai du Canal.

Roques (Jacques) de Nimes, marchand de fer en barres; allée des Platanes, 3 et 4.

Villard de Lyon, marchand de fonte pour ornement; allée des Platanes, barraque 18.

—

BOIS DE CONSTRUCTION ET DE SERVICE.

Brochet (Jean), de Chambelais, marchand de bois, en gros, sur le bord du Rhône, après l'octroi.

Cavallier de Beaucaire, bois de constraction, allée du Pré, près du Rhône.

Cessieux aîné, d'Andanse, bois de menuiserie blanc et noyer; au Pré.

Cessieux (Jean), d'Andanse, bois de menuiserie blanc et noyer; au Pré, barraque 15.

Crouzet J. de Beaucaire, marchand de bois, à côté du Tivoli.

Chambard (Jean), marchand de bois en gros et détail, au bout de l'allée du Rhône; tient sapins ronds et carrés, chênes de Bourgogne, noyer et travettes de l'Isère, etc.

Malin (Victor) fils, marchand de bois, en gros; tient sapins ronds et noyers de l'Isère, sur le bord du Rhône, après l'octroi.

Mayoussier (Emile), marchand de bois, en gros; tient sapins ronds et noyers de l'Isère, sur le bord du Rhône, après l'octroi.

Moyet (Joseph), marchand de bois, en gros; tient sapins ronds et noyers de l'Isère, sur le bord du Rhône, après l'octroi.

Querber et Indermulhe, de Mulhouse, sapins carrés de Suisse et d'Allemagne, sur le bord du Rhône, après l'octroi.

SPECTACLES ET CURIOSITÉS.

Alezat, directeur du cirque; au Pré.

Grand Musée Royal et National, composés de 140 personnages, représentant tous les empereurrs, rois, princes, ministres, maréchaux, généraux, ducs et pairs de France , et une infinité de groupes historiques et militaires , tirés des tableaux de nos grands-maîtres, sera ouvert pendant la foire de Beaucaire , à la première grande loge en planche, près de la Barraque de M. Hermann ; visible tous les jours , depuis 10 heures du matin jusqu'à 10 heures du soir.

Grande soirée Mystérieuse de Physique et de Magie , donnée par M. Hermann de Hanôvre , premier prestidigitateur de France. La double vue donnée par M.me Hermann. — Spectacle tous les jours à 8 heures: grande allée du Champ-de-Foire , à côté du cirque. A dater du 22 juillet, séance à 2 heures après-midi et à 8 heures du soir.

Panorama animé sous la direction de M. André Quicque, situé rond de La Banquette , près la porte Beauregard.

FIN.

Errata.

ROULAGES.

Jallez (Auguste) et comp., d'Avignon, commissionnaires. Roulage pour Avignon et retour; départ chaque jour.

Escande, Oneille et Fabre, accéléré partant tous les jours pour Aix et Marseille; Porte Saint-Pierre.

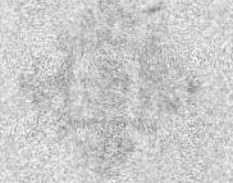

TABLE DES MATIÈRES

Pag.

A MM. les Négociants de la foire de Beaucaire.

MESSIEURS,

Le propriétaire de l'*Indicateur de la foire de Beaucaire* a l'honneur de vous informer que, l'année prochaine, cette publication sera entreprise sur une échelle beaucoup plus grande et plus proportionnée à son importance. Il ne négligera aucun sacrifice pour arriver au but qu'il se propose d'atteindre ; les personnes qui ont pu comparer le travail de cette année avec celui de l'année dernière, ont été à même de remarquer les améliorations qui y ont été apportées. Néanmoins, beaucoup de lacunes restent encore à remplir ; le commerce retardataire, c'est-à-dire, celui qui arrive seulement quelques jours avant la foire, n'a pû trouver place dans nos pages ; on comprend facilement que, étant obligé de faire paraître notre ouvrage le 20 *juillet*, et par conséquent quitter la place le 16, il nous est impossible de classer les diverses industries qui n'arrivent pas avant cette époque. L'éditeur prie, en conséquence, MM. les négociants qui voudraient souscrire pour 1848, de vouloir bien envoyer à nos bureaux, les les indications nécessaires, à cet effet, cette observation s'adresse principalement au indnstriels qui, par leur genre de commerce, ne sont pas obligés d'arriver à la foire quelques jours avant l'ouverture.

Le prix de la souscription sera toujours de 75 cent. Les souscripteurs auront droit comme cette année à deux lignes et à un exemplaire.

BUREAUX. — A Nimes, chez M. Soustelle-Gaude, imprimeur et lithographe, boulevart Saint-Antoine, 9. — A Tarascon, chez Gallet Antoine, ex-tonnelier, place des Cordeliers.

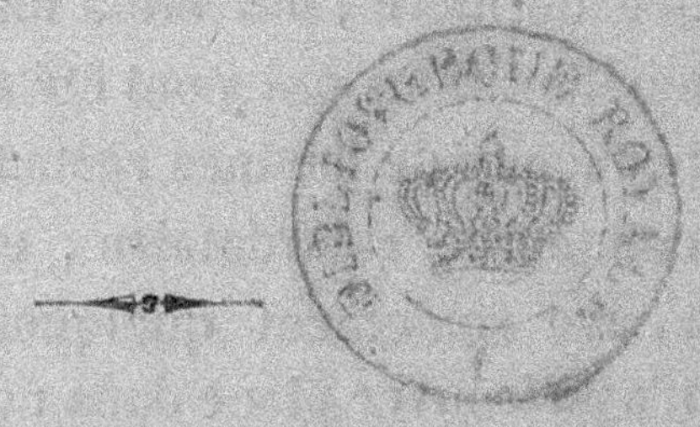

www.ingramcontent.com/pod-product-compliance
Ingram Content Group UK Ltd.
Pitfield, Milton Keynes, MK11 3LW, UK
UKHW020354180726
13839UKWH00003B/1095